AF214911

DAS BIN ICH

DIESES BUCH GEHÖRT:

_____

GEBURSTAG: _____

MEIN VEREIN: _____

DAS LOGO MEINES LIEBLINGSVEREINS

MEINE POSITION: _____

MEINE LIEBLINGSSPIELER

_____

_____

_____

_____

_____

MEIN MOTTO

_____

MEINE LIEBLINGSVEREINE

_____

_____

_____

_____

_____

MEINE VEREINSFARBEN

Inhaltsverzeichnis

Vorwort

Liebe Eltern,

Diktate sind eine effektive Methode, um die Rechtschreib- und Grammatikkenntnisse Ihres Kindes zu verbessern.

Durch das regelmäßige Üben von Diktaten können Kinder ihren Wortschatz erweitern und ihre Schreibkompetenz stärken. Darüber hinaus fördert diese Übungsform die Konzentration und Aufmerksamkeit beim Zuhören sowie das Verständnis für sprachliche Strukturen.

Dieses Buch ist in Schwerpunkte gegliedert. Sie können zwischen den einzelnen Schwerpunkten hin- und herspringen. Es ist nicht notwendig, alle Diktate eines Schwerpunkts zu beenden, bevor man zum nächsten wechselt. Ganz im Gegenteil: Am besten diktieren Sie zunächst eine Kurzgeschichte aus jedem Schwerpunkt und beobachten, wo Ihr Kind die meisten Fehler macht. Gehen Sie dann mit Ihrem Kind noch einmal die Schulunterlagen mit den Regeln durch und diktieren Sie weitere Diktate der fehleranfälligsten Schwerpunkte.

Um die Motivation zu erhöhen, können Sie die Diktate auch anpassen. Ersetzen Sie die Namen in den Diktaten durch den Namen Ihres Kindes, seiner Freunde oder seiner Lieblingsspieler.

Dasselbe gilt für Vereine. Wenn Ihr Kind Fan einer bestimmten Mannschaft ist, können Sie diese einfach gewinnen lassen, oder Sie lassen den Verein Ihres Kindes im DFB-Pokalfinale gegen den aktuellen Deutschen Meister triumphieren. Der immer wieder auftauchende FC Kleindorf eignet sich sehr gut, um durch den Vereinsnamen Ihres Kindes ersetzt zu werden.

So kann sich Ihr Kind besser mit den Diktaten identifizieren, hat ein positiveres Erlebnis und baut so kontinuierlich eine intrinsische Eigenmotivation auf.

Im Anhang des Diktatheftes finden Sie ein Fortschrittsprotokoll. Tragen Sie hier nach jedem Diktat die Note ein. Die Reihenfolge der Diktate im Buch spielt dabei keine Rolle; es geht darum, die Fortschritte Ihres Kindes über einen längeren Zeitraum zu beobachten.

Ich wünsche Ihnen viel Freude und Erfolg.

Otto Abseits

Richtig Diktieren

Wählen Sie einen ruhigen Ort ohne Ablenkungen, damit sich Ihr Kind auf das Diktat konzentrieren kann. Ein aufgeräumter und gut beleuchteter Arbeitsplatz ist ideal. Achten Sie darauf, dass Nebengeräusche wie Radio und Fernseher ausgeschaltet sind, und legen auch Sie das Handy für ein paar Minuten weg.

Lesen Sie zuerst den Titel des Diktats vor und geben Sie Ihrem Kind genügend Zeit, den Titel aufzuschreiben. Während Ihr Kind schreibt, können Sie den Titel ein- oder zweimal wiederholen.

Lesen Sie dann den ersten Satz vollständig vor. Ihr Kind sollte den Satz zu Ende hören, bevor es mit dem Schreiben beginnt. Teilen Sie den Satz in mehrere Teile auf und lesen Sie diese nacheinander laut und deutlich vor. Wiederholen Sie den Satzteil so lange, bis Ihr Kind ihn vollständig aufgeschrieben hat.

Satzzeichen sollten stets mit vorgelesen werden. Zum Schluss wiederholen Sie den ganzen Satz noch einmal und gehen dann direkt zum nächsten Satz über.

Wenn Sie auf diese Weise alle Sätze des Diktats vorgelesen haben, wiederholen Sie das gesamte Diktat noch einmal und geben Ihrem Kind währenddessen und danach ausreichend Zeit, selbst nach Fehlern zu suchen.

Korrigieren Sie das Diktat gemeinsam mit Ihrem Kind. Besprechen Sie dabei nicht nur die Fehler, sondern loben Sie Ihr Kind auch für richtig geschriebene, schwierige Wörter. Positive Rückmeldungen fördern die Motivation und schaffen eine positive Einstellung zum Schreiben.

Wenn Ihr Kind bei einem Diktat besonders viele Fehler gemacht hat, wiederholen Sie das Diktat. Dies kann sofort, einige Stunden oder sogar Tage später geschehen.

Wenn Ihr Kind bei den meisten Diktaten viele Fehler macht, empfiehlt es sich, dass Ihr Kind den Text zunächst allein abschreibt. In den meisten Fällen wird Ihr Kind dann beim eigentlichen Diktat weniger Fehler machen.

Einfache Diktate zum Einstieg

Der spannende Elfmeter *(71 Wörter)*

Heute ist ein aufregender Tag für die Fußballmannschaft des FC Kleindorf. Das entscheidende Spiel gegen das Nachbardorf steht an.

Max, der Kapitän, steht vor dem Tor und muss einen Elfmeter schießen. Die Spannung ist spürbar.

Max konzentriert sich, tritt mit aller Kraft gegen den Ball und trifft.

Seine Freunde jubeln, und die Eltern klatschen. Die Mannschaft des FC Kleindorf gewinnt das Spiel, und Max wird zum Helden des Tages.

Auswertung

	Abschreiben	1. Diktat	2. Diktat	3. Diktat
Datum				
Fehler				
Note				

Der verlorene Fußballschuh *(70 Wörter)*

Tom spielt begeistert mit seinen Freunden auf dem Schulhof Fußball.

Plötzlich fliegt sein Schuh weg und landet auf dem Dach des Lehrerzimmers. Alle schauen nach oben, aber niemand kann helfen.

Der Hausmeister wird gerufen, steigt auf die Leiter, und holt Toms Schuh wieder herunter.

Die Schüler jubeln und Tom bedankt sich erleichtert.

Jetzt kann das Fußballspiel weitergehen und Tom schießt mit dem geretteten Schuh das entscheidende Tor.

Auswertung

	Abschreiben	1. Diktat	2. Diktat	3. Diktat
Datum				
Fehler				
Note				

Der magische Fußball *(80 Wörter)*

In der Besenkammer der Turnhalle entdeckt Mia einen magischen Fußball.

Jeder, der ihn berührt, wird plötzlich zu einem großartigen Fußballspieler. Mia zeigt ihn ihrer Mannschaft und lässt jeden den Ball kurz berühren.

Plötzlich dribbeln alle wie Profis und schießen tolle Tore. Das nächste Spiel wird zum Spektakel, und Lenas Mannschaft gewinnt mit 7:1.

Am nächsten Tag ist der Ball jedoch weg. Die Kinder sind traurig, aber sie haben gelernt, dass Teamarbeit und Spaß wichtiger sind als Gewinnen.

Auswertung

	Abschreiben	1. Diktat	2. Diktat	3. Diktat
Datum				
Fehler				
Note				

Fußball im Regen *(78 Wörter)*

Es regnet in Strömen, aber die Fußballmannschaft der Grundschule lässt sich nicht aufhalten.

Die Kinder spielen trotz des Wetters begeistert weiter. Noah rutscht im Schlamm aus und Amira fängt einen matschigen Ball.

Alle lachen und haben Spaß. Am Ende des Spiels sind alle pitschnass, aber glücklich.

Die Lehrer spendieren warme Getränke und die Kinder erzählen sich lachend ihre schönsten Fußballerlebnisse im Regen.

Das Abenteuer im Regen wird zu einer lustigen Erinnerung für die ganze Mannschaft.

Auswertung

	Abschreiben	1. Diktat	2. Diktat	3. Diktat
Datum				
Fehler				
Note				

Messis magische Dribblings *(76 Wörter)*

Lionel Messi überrascht die Spieler des FC Kleindorf mit einem spontanen Besuch. Er zeigt den Kindern einige seiner berühmten Tricks.

Messi dribbelt gekonnt um die Pylonen herum und bringt die Kinder zum Staunen und Lachen.

Am Ende des Trainings gibt er jedem Kind ein Autogramm und ermahnt sie, immer fair zu den anderen Spielern zu sein.

Die Kinder sind begeistert und erzählen stolz von dem Tag, an dem sie von Messi lernen durften.

Auswertung

	Abschreiben	1. Diktat	2. Diktat	3. Diktat
Datum				
Fehler				
Note				

Eine Einladung nach Madrid *(91 Wörter)*

Kylian Mbappé überrascht eine Grundschulklasse mit einer ganz besonderen Einladung.

In einem persönlichen Brief lädt er die Kinder nach Madrid ein, um das beeindruckende Stadion von Real Madrid zu besichtigen.

Begeistert erfahren die Schülerinnen und Schüler, dass sie sogar an einem exklusiven Probetraining teilnehmen dürfen.

Mbappé betont, wie wichtig Teamgeist und Spaß am Spiel sind.

Die Klasse klatscht begeistert Beifall, und die Vorfreude auf ein unvergessliches Erlebnis in der spanischen Hauptstadt ist groß.

Kylian Mbappé freut sich darauf, die jungen Talente zu treffen und ihre Fußballträume zu unterstützen.

Auswertung

	Abschreiben	1. Diktat	2. Diktat	3. Diktat
Datum				
Fehler				
Note				

Das Fußballfest *(60 Wörter)*

Die Grundschule plant ein Fußballfest. Die Kinder verkleiden sich als ihre Lieblingsspieler, darunter Haaland, Messi und Mbappé.

Gemeinsam spielen sie lustige Fußballspiele und feiern ausgelassen. Am Ende des Abends gibt es sogar eine Starjubel-Tanz-Challenge.

Die Schülerinnen und Schüler haben sehr viel Spaß und lernen, dass Fußball nicht nur auf dem Spielfeld, sondern auch auf der Tanzfläche begeistern kann.

Auswertung

	Abschreiben	1. Diktat	2. Diktat	3. Diktat
Datum				
Fehler				
Note				

Die inspirierende Rede des Trainers *(64 Wörter)*

Vor dem wichtigen Fußballspiel hält der Trainer des FC Kleindorf eine motivierende Rede.

Er erzählt den Kindern von den großen Fußballstars wie Messi, Haaland und Mbappé, die hart für ihren Erfolg gearbeitet haben.

„Ihr seid genauso talentiert", sagt er. Die Kinder hören gespannt zu.

Gestärkt durch die inspirierende Rede gewinnen sie das Spiel und sind stolz auf ihre Leistung.

Auswertung

	Abschreiben	1. Diktat	2. Diktat	3. Diktat
Datum				
Fehler				
Note				

Erlings Tipps *(111 Wörter)*

Erling Haaland besucht heute die Grundschule und teilt seine Tricks mit den begeisterten Schülern.

Erling erklärt den Kindern, dass es nicht nur auf die Technik ankommt, sondern auch auf die Ausdauer.

„Ihr müsst fit sein, um über den ganzen Platz rennen zu können", betont er.

Während Erling seine Tricks zeigt, spricht er auch über gesunde Ernährung. „Gemüse, Obst und viel Wasser sind wichtig für eure Energie", sagt er.

Die Schüler hören gespannt zu und versuchen, die Tipps des Profis umzusetzen. Am Ende des Trainings ermuntert er die Kinder, regelmäßig zu trainieren, fair zu spielen, immer auf ihre Gesundheit zu achten und vor allem viel Spaß beim Fußball zu haben.

Auswertung

	Abschreiben	1. Diktat	2. Diktat	3. Diktat
Datum				
Fehler				
Note				

Diktate mit a, aa, ah

Die gute Tat *(78 Wörter)*

Heute Nachmittag findet ein Fußballspiel zwischen Eintracht Frankfurt und dem FC Kleindorf statt. Die gesamten Einnahmen kommen dem Tierheim zugute.

Die ersten Zuschauer sind schon am Bahnhof angekommen und strömen in Scharen zum Stadion. Viele Fans tragen einen Schal oder sogar eine Fahne ihres Vereins vor sich her.

Doch bevor sie das Stadion betreten dürfen, müssen sie noch den Eintritt bezahlen. Einige zahlen sogar freiwillig etwas mehr, denn heute ist es für einen guten Zweck.

Auswertung

	Abschreiben	1. Diktat	2. Diktat	3. Diktat
Datum				
Fehler				
Note				

Nach der Sommerpause *(111 Wörter)*

In wenigen Tagen beginnt für den FC Kleindorf die neue Saison. Nach der langen Sommerpause fahren der Trainer und einige Spieler schon einmal ins Stadion, um zu sehen, ob der Rasen und der Rest der Anlage noch in Ordnung sind.

Sie ahnten schon, dass etwas nicht stimmte, als sie mitten auf dem Fußballfeld eine Hasenfamilie, zwei Schafe und einen Hahn sahen.

Als sie nahe genug herankamen, sahen sie, dass das neue Gras zwar wie geplant gewachsen war, es sich aber nicht um Fußballrasen, sondern um eine Wiesensaat mit extra viel Löwenzahn handelte.

Die Hasen, Schafe und der Hahn waren nicht begeistert, als der Trainer den Rasenmäher startete.

Auswertung

	Abschreiben	1. Diktat	2. Diktat	3. Diktat
Datum				
Fehler				
Note				

Die Ermahnung *(96 Wörter)*

Am Abend vor dem Spiel kam der Trainer noch einmal zu Ben. Er warnte ihn davor, am nächsten Tag zu schnell zu laufen, da die Gefahr groß sei, dass er sich wieder verletze.

Es sei egal, wie das Spiel am nächsten Tag ausgehe, die deutsche Meisterschaft sei schon gewonnen, aber das DFB-Pokalfinale am Samstagabend sei noch völlig offen.

Der Trainer ahnte schon, dass Ben nicht auf ihn hören würde. Ben ist und bleibt der beste Spieler im Verein, und er kann einfach nicht schlecht spielen.

Er hat zwei Tore geschossen und ein weiteres vorbereitet.

Auswertung

	Abschreiben	1. Diktat	2. Diktat	3. Diktat
Datum				
Fehler				
Note				

Gruppe A der Weltmeisterschaft *(101 Wörter)*

In diesem Jahr war die Leistung der Nationalmannschaft in der Vorrunde der Weltmeisterschaft großartig. Schon bei der Auslosung der Gruppen ahnten alle, dass es die spannendsten Gruppenspiele aller Zeiten werden würden.

Deutschland, Brasilien, Italien und Spanien trafen in der Gruppe A aufeinander.

Dank einer geschickten Auswahl der Spieler konnten sich unsere Fußballer in allen Spielen durchsetzen und gingen als starker Gruppensieger in die Finalrunde.

Als sie im Finale wieder auf Brasilien trafen, waren alle sehr aufgeregt. Nach einem 0:1-Rückstand glichen sie noch in der ersten Halbzeit zum 1:1 aus und gewannen schließlich nach Verlängerung mit 3:1.

Auswertung

	Abschreiben	1. Diktat	2. Diktat	3. Diktat
Datum				
Fehler				
Note				

Das Fahrrad *(126 Wörter)*

Nach dem Spiel auf dem Hartplatz wollte Anton mit seinem Fahrrad nach Hause fahren, aber es war nicht mehr da, wo er es abgestellt hatte.

Er fragte seine Freunde: „Habt ihr mein Fahrrad gesehen? Es stand genau da." Aber sie schüttelten nur den Kopf, und einer fragte: „Hast du es nicht abgeschlossen?" Anton bekam Panik und hatte schon fast vergessen, dass er heute das entscheidende Tor geschossen hatte.

Da kam Papa lachend mit dem Fahrrad um die Ecke, streichelte Anton über das Haar und sagte: „Ich habe dir doch gesagt, du sollst dein Fahrrad abschließen. Ich hoffe, du hast dich erschreckt und heute etwas gelernt." Anton war erleichtert und sagte mit einem Strahlen im Gesicht: „Ich glaube schon. Das vergesse ich jetzt nicht mehr."

Auswertung

	Abschreiben	1. Diktat	2. Diktat	3. Diktat
Datum				
Fehler				
Note				

Unentschieden *(46 Wörter)*

Als Leon vom Fußballspiel nach Hause kam, sagte er zu seinem Großvater: „Opa, Opa, ich habe heute im Stadion zwei Tore geschossen!"

„Ach wie schön", sagte Opa, „wie ist das Spiel denn ausgegangen?"

„1:1", sagte Leon und versteckte sein Gesicht vor Scham im Sofakissen.

Auswertung

	Abschreiben	1. Diktat	2. Diktat	3. Diktat
Datum				
Fehler				
Note				

Diktate mit aa, ee, oo

Die Ehrung *(87 Wörter)*

Jeden Herbst findet im großen Saal des Vereinsheims eine Feier zu Ehren der besten Spieler statt. Ein Komitee berät, wer in diesem Jahr besonders gut war und mit dem moosgrünen Lorbeerkranz geehrt werden soll. In diesem Jahr ist es Robin.

Robin hat rote Haare, ist flink wie ein Aal, rennt sich bei jedem Spiel die Seele aus dem Leib und schießt ein Tor nach dem anderen.

Seine Freunde nennen ihn deshalb den roten Blitz. Er findet den Namen doof, hat sich aber inzwischen daran gewöhnt.

Auswertung

	Abschreiben	1. Diktat	2. Diktat	3. Diktat
Datum				
Fehler				
Note				

Der Ausflug *(94 Wörter)*

Als Dankeschön für die großartige Saison wurde beschlossen, dass die E-Jugend einen Ausflug machen darf. Emilia hatte die Idee, eine Bootsfahrt zu machen, Julius wollte lieber in den Zoo gehen.

Den Vorschlag des Trainers, eine Wanderung durchs Moor zu machen, fanden die Kinder doof.

Von Finns Idee, einen Tag am Badesee mit einem kleinen Fußballturnier und viel Eis zu verbringen, waren alle begeistert.

Es wurde ein unvergesslicher Tag, vor allem, weil auch Lionel Messi am See war und mit den Kindern ein paar Runden Fußball spielte, bevor er wieder zum Training musste.

Auswertung

	Abschreiben	1. Diktat	2. Diktat	3. Diktat
Datum				
Fehler				
Note				

Der Erdbeerkuchen *(75 Wörter)*

Als Elias in die Küche kam, fragte er seine Mutter: „Warum backst du einen Kuchen, kommt Oma heute zum Kaffee?"

„Nein", sagte Mama, „der ist für dein Fußballspiel heute Nachmittag. Kannst du bitte ins Gemüsebeet gehen und nachsehen, ob wir noch Erdbeeren haben?"

Elias rannte los, und als er zurückkam, sagte er: „Die Erdbeersträucher sind alle leer, aber es gibt noch genug Blaubeeren."

„Gut, dann gibt es eben Blaubeerkuchen", antwortete seine Mutter lächelnd.

Auswertung

	Abschreiben	1. Diktat	2. Diktat	3. Diktat
Datum				
Fehler				
Note				

Diktate mit ai, ei

Falsche Seite *(101 Wörter)*

Felix hat vergessen, dass man nach der ersten Halbzeit nicht auf der eigenen Seite des Spielfeldes bleibt, sondern dass beide Mannschaften die Seiten wechseln.

Als Felix kurz nach dem Anpfiff den Ball zugespielt bekommt, rennt er los.

Er wundert sich zwar, dass die gegnerischen Spieler ihm freie Bahn auf das Tor lassen, aber da seine eigenen Mitspieler lautstark seinen Namen rufen, rennt er einfach weiter.

Im richtigen Moment schießt er in die linke obere Ecke und erzielt ein Tor. Leider ein Eigentor. Verzweifelt schreit er, aber Noah kommt und tröstet ihn.

So ein kleiner Fehler ist schließlich kein Beinbruch.

Auswertung

	Abschreiben	1. Diktat	2. Diktat	3. Diktat
Datum				
Fehler				
Note				

Der Kaiser *(61 Wörter)*

Franz Beckenbauer war einer der besten deutschen Fußballspieler aller Zeiten. Die meiste Zeit seiner Karriere spielte er als Verteidiger für den FC Bayern München.

In seiner aktiven Laufbahn erzielte er 96 Tore in 668 Spielen. Gemeinsam mit seinen Mannschaftskameraden gewann er 1974 als Kapitän und 1990 als Trainer die Fußballweltmeisterschaft.

Die meisten nannten ihn deshalb einfach nur den Kaiser.

Auswertung

	Abschreiben	1. Diktat	2. Diktat	3. Diktat
Datum				
Fehler				
Note				

Ein Freitag im Mai *(97 Wörter)*

Am letzten Freitag im Mai findet das wichtigste Fußballspiel der Saison statt.

RB Leipzig spielt gegen Borussia Dortmund und beide wären, wenn sie das Spiel gewinnen, deutscher Meister.

Die meisten gehen davon aus, dass der FC Bayern gewinnt, denn kurz vor Weihnachten hat er RB Leipzig im Hinspiel mit 6:0 nach Hause geschickt.

Die Spieler von RB Leipzig waren so verzweifelt, dass sie seitdem an einem Strang ziehen und eine einzigartige Aufholjagd gestartet haben, die sie auf den zweiten Tabellenplatz geführt hat.

Unabhängig vom Ausgang des Spiels haben sie schon jetzt Vereinsgeschichte geschrieben.

Auswertung

	Abschreiben	1. Diktat	2. Diktat	3. Diktat
Datum				
Fehler				
Note				

Die Fensterscheibe *(103 Wörter)*

Es war schon eine Weile her, dass Emma und Kai sich im Freien ein paar Bälle zupassten, als Emma plötzlich so hart schoss, dass sie die Fensterscheibe von Herrn Schneiders Haus traf und zerbrach.

„Lass uns schnell verschwinden", sagte Kai verzweifelt, „niemand hat es gesehen und es gibt keine Beweise, dass wir das waren."

„Nein!", sagte Emma, „ich bin kein Feigling. Wir gehen rein und sagen, dass es uns leidtut."

„Meinst du, der Preis für die Scheibe wird von deinem Weihnachtsgeschenk abgezogen?", fragte Kai, aber Emma verneinte: „Nein, mein Vater hat erst letzten Freitag eine Versicherung abgeschlossen. Die übernimmt das bestimmt."

Auswertung

	Abschreiben	1. Diktat	2. Diktat	3. Diktat
Datum				
Fehler				
Note				

Diktate mit äu, eu

Das entscheidende Tor *(63 Wörter)*

In einem verträumten Dorf im Allgäu kämpfen heute zwei Mannschaften um den Staffelsieg in der Kreisliga.

Die Leute sitzen auf Heuballen rund um das Spielfeld und feuern ihre Mannschaft an. Allen ist klar, dass es heute ein dramatisches Spiel geben wird.

Der Sieger wird sich freuen, der Verlierer wird enttäuscht sein, vielleicht wird sogar der eine oder andere Spieler heulen.

Auswertung

	Abschreiben	1. Diktat	2. Diktat	3. Diktat
Datum				
Fehler				
Note				

Das etwas andere Fußballspiel *(96 Wörter)*

In dem kleinen Dorf Feuerbach findet heute ein freudiges Fußballspiel statt. Es ist ein ganz besonderes Fußballspiel, zu dem immer häufiger auch Leute von außerhalb kommen.

Die Bäuerinnen und Bauern des Dorfes räumen dafür die Straße frei und bauen aus Heuballen eine Bande. Am Dorfeingang und Dorfausgang wird jeweils ein Tor aufgestellt. Das Spielfeld liegt zwischen den ersten und den letzten Häusern des Dorfes.

In bläulichen und grünen Trikots versuchen die Gegner, den Ball bis zum Ende des Dorfes zu kicken und ein Tor zu erzielen. Wer zuerst ein Tor schießt, gewinnt.

Auswertung

	Abschreiben	1. Diktat	2. Diktat	3. Diktat
Datum				
Fehler				
Note				

Die Fußballfans *(98 Wörter)*

Das ausverkaufte Stadion von Werder Bremen war erfüllt vom lauten Gesang der anfeuernden Fans.

Vor dem Stadion hatten sich heute auch Fans versammelt, die keine Eintrittskarte käuflich erwerben konnten.

Einige kletterten sogar auf die Bäume, um einen Blick auf das Spiel zu erhaschen.

Die Menge feuerte Leon an, während der Ball zwischen den Toren und den äußeren Seitenlinien hin und her flog.

Einige Fans schwenkten Fahnen und warfen Papierknäuel auf das Spielfeld.

Als der Schiri dreimal pfiff, läutete er damit das Ende des Spiels ein und sicherte somit den Sieg von Werder Bremen.

Auswertung

	Abschreiben	1. Diktat	2. Diktat	3. Diktat
Datum				
Fehler				
Note				

Der entscheidende Moment *(87 Wörter)*

Der Trainer stand am Spielfeldrand und beobachtete aufmerksam das Spiel.

Plötzlich rief er: „Bereitet euch auf den Angriff vor!" Die Spieler verstreuten sich hochmotiviert auf dem Spielfeld und kämpften um den Ball.

In der letzten Minute rief der Trainer: „Jungs, das ist euer Moment! Holt euch den Sieg!"

Beflügelt von den aufmunternden Worten schoss Elias den Ball von der Mittellinie ins Tor. Die Menge brach in Jubel aus und der Trainer lächelte stolz, als er sagte: „Das war der entscheidende Moment, Super gemacht, Elias!"

Auswertung

	Abschreiben	1. Diktat	2. Diktat	3. Diktat
Datum				
Fehler				
Note				

Diktate mit b, p

Bienen auf dem Fußballplatz *(99 Wörter)*

Peter holt Paul und Bella zum Fußballspielen ab. Als sie auf dem Fußballplatz ankommen, hängt etwas Merkwürdiges am Torpfosten.

Es sieht aus wie ein alter, brauner, platter Ball. Aber es ist ein brummender Bienenschwarm. Peter gerät in Panik, aber Paul ruft sofort Opa an, der sich mit Bienen besonders gut auskennt.

Opa stopft die Bienen ganz vorsichtig in ein altes Paket und nimmt die summenden Bienen mit nach Hause.

Peter, Paul und Bella passen sich noch ein paar Bälle zu, aber dann folgen sie lieber Opa, um zu sehen, wie er seinen neuen Bienenstock besiedelt.

Auswertung

	Abschreiben	1. Diktat	2. Diktat	3. Diktat
Datum				
Fehler				
Note				

Obst zur Halbzeit *(82 Wörter)*

Pia und Ben sind die besten Freunde. Am liebsten spielen sie Fußball in Opas Garten.

Dort wachsen im Sommer die besten Äpfel, Pfirsiche, Pflaumen, Erdbeeren und Himbeeren.

In jeder Halbzeit pflücken Pia und Ben etwas Obst von dem Baum und verputzen es, bevor es weitergeht.

Nach dem Spiel packen sie ihre Taschen voll und fahren mit dem Fahrrad nach Hause.

Manchmal bringt Oma auch Pizza oder Plätzchen vorbei. Das ärgert Mama immer ein bisschen, weil Obst viel besser ist.

Auswertung

	Abschreiben	1. Diktat	2. Diktat	3. Diktat
Datum				
Fehler				
Note				

Das Probetraining *(95 Wörter)*

Peter Baumann, der Jugendtrainer des VfB Stuttgart, schaut sich ein Spiel des 1. FC Kleindorf an und bemerkt schnell, dass Henry ein paar ganz besondere Tricks mit dem Ball kann.

Besonders bemerkenswert findet er, dass Henry den Ball in einer gebogenen Flugbahn um die gegnerischen Spieler herum schießen kann.

Nach dem Spiel spricht er Henry an und lädt ihn zu einem Probetraining nach Stuttgart ein.

Dort kann Henry beweisen, was er kann. Beim Elfmeterschießen fliegt der Ball zunächst in die linke obere Ecke, landet dann aber rechts unten.

Der Torwart hat keine Chance.

Auswertung

	Abschreiben	1. Diktat	2. Diktat	3. Diktat
Datum				
Fehler				
Note				

Der perfekte Pass *(97 Wörter)*

Mit bester Laune betrat Ella den Fußballplatz. Schon beim Aufwärmen zeigte sie präzise Pässe und absolute Ballkontrolle.

Bald begann das Spiel. Ella bekam den Ball schnell zugespielt, behauptete sich bis zum Strafraum und passte dann blitzschnell zu Mia, die ein besonders schönes Tor schoss. Die Fans brachen in Jubel aus. Die Fans der gegnerischen Mannschaft buhten.

Beide Mannschaften kämpften tapfer weiter, bis Ella wieder einen präzisen Pass spielte und diesmal sogar selbst punktete.

Kurz vor dem Schlusspfiff versenkte Ella den Ball erneut im Netz. Begeisterter Applaus brandete auf, bevor Ella stolz das Spielfeld verließ.

Auswertung

	Abschreiben	1. Diktat	2. Diktat	3. Diktat
Datum				
Fehler				
Note				

Der spannende Ballwechsel *(121 Wörter)*

Ein Scout von Bayer Leverkusen wurde bei einem Pflichtspiel auf das enorme Potenzial von Leon aufmerksam.

Das war im September, und schon im Oktober durfte Leon zum ersten Mal als Einwechselspieler mitspielen. Bereits beim Aufwärmen spielte er perfekte Pässe.

Von Beginn an bewiesen beide Mannschaften eine brillante Ballkontrolle. Die Spieler bewegten sich pfeilschnell und der Ball pendelte präzise zwischen den Spielern hin und her.

In der siebzigsten Minute war Leon an der Reihe. Er spielte einen blitzschnellen Pass, bekam den Ball bald zurück und platzierte ihn zielsicher im Tor. Eine Minute nach Beginn seiner Profikarriere hatte Leon bereits gepunktet, und das Publikum spendete tosenden Beifall. Es war das schnellste Tor eines Neulings, das die Bundesliga je gesehen hat.

Auswertung

	Abschreiben	1. Diktat	2. Diktat	3. Diktat
Datum				
Fehler				
Note				

Die Halbzeitansprache *(73 Wörter)*

In der Halbzeitpause sprach der Trainer von Werder Bremen aufbauende Worte an seine Mannschaft.

„Ihr seid super stark, konzentriert euch und zeigt, was ihr draufhabt", rief er.

Die Spieler hörten aufmerksam zu. Der Kapitän sagte: „Lasst uns zusammenhalten und kämpfen, bis der Schlusspfiff ertönt.

Mit neuer Energie ging die Mannschaft zurück auf den Platz. Die besonderen Worte des Trainers wirkten Wunder. Sie spielten mit Leidenschaft und gewannen schließlich das entscheidende Spiel.

Auswertung

	Abschreiben	1. Diktat	2. Diktat	3. Diktat
Datum				
Fehler				
Note				

Die entscheidenden Worte *(86 Wörter)*

„Passt auf, wir brauchen perfekte Pässe", betonte der Trainer vor dem Spiel. „Bisher haben wir brillant gespielt, aber die Präzision ist entscheidend", fügte er hinzu.

„Bewegt euch beherzt, zeigt Ballkontrolle", motivierte er. Beim Anpfiff ertönten die Rufe der Fans.

„Behaltet den Ball, spielt präzise", instruierte der Trainer von der Seitenlinie. „Bewahrt die Balance zwischen Ballkontrolle und Passspiel!", feuerte er sein Team an.

Bevor der Schlusspfiff ertönte, hallten die Worte des Trainers in den Köpfen der Spieler nach und führten sie zum perfekten Sieg.

Auswertung

	Abschreiben	1. Diktat	2. Diktat	3. Diktat
Datum				
Fehler				
Note				

Diktate mit c, ck

Der Trick mit dem Ducken *(74 Wörter)*

In einem packenden Fußballspiel standen der FC Kleindorf und der HSV kurz vor Schluss unentschieden.

Plötzlich hatte der trickreiche Nicklas eine Idee. Er duckte sich vor einem Abwehrspieler und lenkte ihn so ab.

Im entscheidenden Augenblick sprintete er in die Ecke des Spielfeldes, nutzte den Überraschungseffekt und versenkte den Ball im Tor.

Die Zuschauer jubelten über den unglaublichen Trick, der das Spiel entschied. Nicklas konnte sein Glück kaum fassen.

Auswertung

	Abschreiben	1. Diktat	2. Diktat	3. Diktat
Datum				
Fehler				
Note				

Das geheime Taktikbuch *(94 Wörter)*

Die Fußballmannschaft von Jonas und Ben stand vor einem schweren Spiel gegen einen starken Gegner.

Aber Ben, der clevere Mannschaftskapitän, hatte ein geheimes Taktikbuch geschenkt bekommen und exakt studiert.

Während des Spiels lenkte er die Aufmerksamkeit der Gegner auf die linke Seite des Spielfelds, um Platz für Jonas, den schnellen Stürmer, zu schaffen.

In einer geschickten Aktion sprintete Jonas in die entstandene Lücke, bekam den Ball und dribbelte rückwärts in Richtung Tor.

Die Abwehrspieler staunten nicht schlecht, als der Ball im Netz zappelte. Durch diese geschickte Taktik gewann die Mannschaft verdient.

Auswertung

	Abschreiben	1. Diktat	2. Diktat	3. Diktat
Datum				
Fehler				
Note				

Das Geschenk *(92 Wörter)*

Vor dem ersten Fußballspiel des Jahres erhielt die Mannschaft des FC Kleindorf ein Geschenk vom örtlichen Bäcker.

Es war ein hübsch verpacktes Päckchen mit einem Aufkleber: „Viel Glück in der neuen Saison."

Tom öffnete sein Geschenk und fand eine Schokoladenfigur mit seinem eigenen Gesicht. Obwohl die Figur sehr lecker aussah, wollte er sie nicht essen, denn etwas so Großartiges wollte er nicht einfach wegessen, ohne es seinem Bruder Maximilian gezeigt zu haben.

Die Mannschaft war gerührt von dieser Geste und gewann das Spiel durch ein Tor nach einem perfekten Eckball.

Auswertung

	Abschreiben	1. Diktat	2. Diktat	3. Diktat
Datum				
Fehler				
Note				

Diktate mit gg

Neuer Spielertyp *(84 Wörter)*

Der Weggang von Timo Werner war ein schwerer Schlag für den RB Leipzig. Er war der beste Torschütze der Mannschaft. Ohne ihn fehlte die Durchschlagskraft.

Doch dann kam der junge Norweger Alexander Sorloth. Er war groß, stark und aggressiv.

Er baggerte sich durch die gegnerische Verteidigung und schoss Tore wie am Fließband.

Schnell wurde er zum neuen Flaggschiff des Vereins und zum Liebling der Fans.

Er führte Leipzig zum ersten Meistertitel der Vereinsgeschichte und löste ein riesiges Flaggenmeer in der Stadt aus.

Auswertung

	Abschreiben	1. Diktat	2. Diktat	3. Diktat
Datum				
Fehler				
Note				

Der ehrgeizige Stürmer *(78 Wörter)*

Max, ein junger Stürmer, träumte von großen Erfolgen auf dem Fußballplatz. Er trainierte hart und verbesserte seine Technik. Er wusste, dass er eines Tages seinen kleinen Dorfverein verlassen musste, um seinen Traum zu verwirklichen.

Bei einem wichtigen Spiel schmuggelte er sich geschickt durch die Abwehr. Mit einem gezielten Schuss schoss er das erste Tor.

Der Trainer lobte Max für seine Leistung. Sein ehrgeiziges Training zahlte sich aus, und er wurde zum Hoffnungsträger seiner Mannschaft.

Auswertung

	Abschreiben	1. Diktat	2. Diktat	3. Diktat
Datum				
Fehler				
Note				

Brügge *(117 Wörter)*

Der FC Brügge hatte im Halbfinale der Champions League Borussia Dortmund mit 3:1 weggehauen. Im Finale wartete FC Barcelona auf sie. Niemand gab ihnen eine Chance, da sie die klaren Außenseiter waren.

Aber sie glaubten an sich. Sie spielten mutig, frech und kreativ. Sie schmuggelten sich immer wieder in die Räume zwischen den Barca-Spielern und kickten den Ball nach vorne.

Sie gingen früh, durch einen Kopfball in die Ecke, in Führung. Barca war geschockt. Sie erhöhten den Druck, aber Brügge verteidigte mit Leidenschaft. Sie fegten jeden Angriff weg und hielten bis zum Schlusspfiff durch.

Sie hatten den Favoriten aus dem Wettbewerb geworfen und die Champions League gewonnen.

Die belgische Flagge war in der ganzen Stadt zu sehen.

Auswertung

	Abschreiben	1. Diktat	2. Diktat	3. Diktat
Datum				
Fehler				
Note				

Hin und zurück *(84 Wörter)*

Mario Götze war der Held von Rio. Er hatte das entscheidende Tor im Finale der Weltmeisterschaft 2014 gegen Argentinien geschossen.

Er war auf dem Berggipfel seiner Karriere. Doch dann kam der Abstieg. Er wollte vom FC Bayern weggehen, aber kein Verein zeigte Interesse. Er war verzweifelt.

Er beschloss zu kämpfen. Er trainierte härter, ernährte sich gesünder und loggte jeden Tag seine Fortschritte. Er wurde wieder fit, schnell und torgefährlich.

Er wurde zum Flaggschiff von Eintracht Frankfurt und zum Liebling der Fans.

Auswertung

	Abschreiben	1. Diktat	2. Diktat	3. Diktat
Datum				
Fehler				
Note				

Glücklich *(98 Wörter)*

Cristiano Ronaldo war immer hungrig nach Toren, Titeln und Trophäen. Er kickte jeden Tag und war aggressiv gegenüber seinen Gegnern, seinen Mitspielern und sich selbst.

Er wollte immer der Beste sein. Er hatte fast alles gewonnen, was es zu gewinnen gab. Er hatte Rekorde gebrochen, die niemand für möglich gehalten hätte.

Er hatte Millionen von Fans auf der ganzen Welt und Millionen von Euro auf seinem Konto.

Aber wirklich glücklich war er nur, wenn er mit seinen vier Kindern zu Hause auf dem privaten Bolzplatz ein paar Bälle kickte oder mit ihnen auf der PS5 FIFA zockte.

Auswertung

	Abschreiben	1. Diktat	2. Diktat	3. Diktat
Datum				
Fehler				
Note				

Diktate mit dass, das

Das Überraschungstor *(83 Wörter)*

Das Freundschaftsspiel zwischen dem FC Kleindorf und Juventus Turin hatte das Ziel, dass die Spieler Spaß hatten und dass sie einmal mit echten Profis trainieren konnten.

Plötzlich ergriff Oskar die Initiative und dribbelte sich durch die gegnerische Abwehr. Dass er es bis zum Tor schaffte, überraschte alle. Oskar zögerte nicht und schoss. Der Ball flog sogar durch das Netz und tosender Jubel brach aus.

Oskars Überraschungstor wurde zum Gesprächsthema in der Schule und dass er damit seine Mannschaft beeindruckte, war unbezahlbar.

Auswertung

	Abschreiben	1. Diktat	2. Diktat	3. Diktat
Datum				
Fehler				
Note				

Fairplay *(75 Wörter)*

Dass beide Mannschaften hart kämpften, war offensichtlich. In einer brenzligen Situation stolperte der Stürmer Till im Strafraum und fiel hin.

Der Pfiff des Schiedsrichters blieb aus, aber Verteidiger Tom gab zu, Till berührt zu haben.

Alle waren überrascht, dass er so fair gespielt hatte. Die Mannschaftskapitäne berieten sich und einigten sich darauf, dass das Spiel mit einem Freistoß fortgesetzt werden sollte.

Diese Geste zeigte, dass Fairplay im Fußball einen hohen Stellenwert hat.

Auswertung

	Abschreiben	1. Diktat	2. Diktat	3. Diktat
Datum				
Fehler				
Note				

Der entscheidende Elfmeter *(79 Wörter)*

Das Fußballspiel ging in die Verlängerung und die Spannung war greifbar. Dass die Mannschaften unentschieden spielten, machte den Moment noch bedeutsamer.

Das entscheidende Elfmeterschießen begann, und dass die Spieler nervös waren, konnte man deutlich spüren.

Anton trat an und man sah ihm an, dass er die Verantwortung spürte. Der Torwart zögerte einen Moment, aber Anton schoss präzise in die Ecke.

Der Jubel der Fans war ohrenbetäubend. Dass Anton der Held des Spiels war, war allen klar.

Auswertung

	Abschreiben	1. Diktat	2. Diktat	3. Diktat
Datum				
Fehler				
Note				

Die Ansprache des Trainers *(112 Wörter)*

Die Mannschaft des FC Kleindorf lag zur Halbzeit mit einem Tor zurück. Das Tor war sogar ein Eigentor von Ole.

Der Trainer kam in die Kabine. „Das war nicht unser bestes Spiel, aber ich weiß, dass ihr es besser könnt", beginnt er.

Die Spieler hörten aufmerksam zu. „Dass ihr mir zuhört, zeigt euer Bemühen und euren Willen, das Spiel zu gewinnen. Beweist in der zweiten Halbzeit, dass wir als Team zusammen stärker sind. Lasst uns gemeinsam das Spiel drehen", motivierte der Trainer.

Die Spieler kamen mit neuer Energie aus der Kabine, und es war der Ansprache zu verdanken, dass sich in der zweiten Halbzeit ein anderes Bild zeigte.

Auswertung

	Abschreiben	1. Diktat	2. Diktat	3. Diktat
Datum				
Fehler				
Note				

Diktate mit d, dt, tt

Der entscheidende Freistoß *(83 Wörter)*

Im entscheidenden Fußballspiel zwischen der Altstadt und der Neustadt trat Sofia zum Ball. Der Druck lastete schwer auf ihr, als sie den Freistoß ausführte.

Die am Spielfeldrand versammelten Stadtbewohner hielten den Atem an.

Mit einem präzisen Schuss gelang es Sofia, den Ball am Torwart vorbei im Tor zu versenken. Tosender Jubel brach aus.

Die Fans feierten ihre Mannschaft und Sofia wurde zur Heldin der Stadt. In der Stadtzeitung stand am nächsten Tag in großen Lettern: „Sofias Freistoß sichert den Sieg!"

Auswertung

	Abschreiben	1. Diktat	2. Diktat	3. Diktat
Datum				
Fehler				
Note				

Das unerwartete Tor *(86 Wörter)*

In einer kleinen Stadt am Waldrand fand in der Abenddämmerung ein Freundschaftsspiel statt. Die Mannschaften kämpften verbissen um jedes Tor.

Plötzlich gelang es dem jungen Spieler Jonathan, mit einem unerwarteten Schuss das gegnerische Tor zu treffen.

Die Zuschauer tobten vor Begeisterung und Jonathan wurde von seinen Mannschaftskameraden freudig umarmt.

Ein älterer Stadtbewohner sagte stolz: „Das erinnert mich an meine Jugend. Gut gemacht, Jonathan!"

Das Spiel endete mit einem knappen Sieg für Jonathans Mannschaft, und die ganze Stadt feierte bis spät in die Nacht.

Auswertung

	Abschreiben	1. Diktat	2. Diktat	3. Diktat
Datum				
Fehler				
Note				

Das Fußballfest *(77 Wörter)*

Während der Europameisterschaft organisierte die Stadt ein Fußballfest für Jung und Alt.

Die Straßen waren gefüllt mit Fußballfans, die sich auf ein fröhliches Miteinander freuten.

Die Kinder spielten in den Gassen, während sich die Erwachsenen zum Stadtturnier versammelten.

Bei Leckereien wie Popcorn und Pudding genossen die Stadtbewohner die gemeinsame Zeit. Selbst die älteren Bürger feuerten die Spieler begeistert an.

Am Ende des Tages sagte der Bürgermeister zufrieden: „Das war ein wunderbares Fußballfest in unserer Stadt!"

Auswertung

	Abschreiben	1. Diktat	2. Diktat	3. Diktat
Datum				
Fehler				
Note				

Diktate mit ee, eh

Das Tor im Stadion *(67 Wörter)*

Der ehrenwerte HSV und der FC Bayern stehen sich auf dem edlen Rasen des Münchner Stadions gegenüber.

Nach einem Fehlstart des HSV versagte die Abwehr des FC Bayern mehrmals, als Daniel mit dem Ball durch die Abwehrreihen fegte.

Mit einem fehlerfreien Schuss erzielte er das entscheidende Tor. Die Fans jubelten, der Schiedsrichter pfiff das Spiel ab und die Spieler feierten ihren wohlverdienten Sieg.

Auswertung

	Abschreiben	1. Diktat	2. Diktat	3. Diktat
Datum				
Fehler				
Note				

Das Freistoßspektakel *(75 Wörter)*

Auf der Allee zum Stadion von Greuther Fürth hatten sich schon die Fans versammelt. Die Spieler standen vor dem noch leeren Rasen.

Der Trainer, ein erfahrener Stratege, gab der Mannschaft klare Befehle und erinnerte sie daran, dass das Symbol des Kleeblatts auf ihren Trikots ihre Einheit symbolisiert.

Die Mannschaft spielte ideenreich und traf insgesamt zehnmal ins Netz.

Ein Spektakel, das die Zuschauer vor dem Fernseher und im Stadion so noch nicht gesehen hatten.

Auswertung

	Abschreiben	1. Diktat	2. Diktat	3. Diktat
Datum				
Fehler				
Note				

Das Turnier am Strand *(92 Wörter)*

Ein ganz besonderes Fußballspiel begann heute am Nordseestrand. Es war ein Fest für Seefahrer und Landratten zugleich.

Die Mannschaften des HSV und von Werder Bremen standen sich auf dem Sandplatz gegenüber. Der Ball rollte, und das Spiel begann.

Der Trainer, ein erfahrener Seemann, zeigte mit einer Flagge Befehle an. Die gegnerische Mannschaft konnte das zwar sehen, aber nicht verstehen.

In der 90. Minute schoss der Stürmer ein Tor, während die Sonne über der Nordsee in einem Flammenmeer unterging.

Ein Spektakel, das die ganze Küste in ehrfürchtiges Staunen versetzte.

Auswertung

	Abschreiben	1. Diktat	2. Diktat	3. Diktat
Datum				
Fehler				
Note				

Die Halbzeitansprache *(62 Wörter)*

„Los geht's!", rief der Mannschaftskapitän mit ehrgeizigem Blick.

„Ich will sehen, wie ihr fehlerfrei nach vorne passt, damit ich mit den Zehenspitzen das ersehnte Ausgleichstor schießen kann."

„Ja, Kapitän!", antwortete die Mannschaft, „wir werden unser Bestes geben und aufs Ganze gehen."

Kaum gesagt, nutzte ein Stürmer den Fehler der Abwehr, passte zum Kapitän und dieser versenkte den Ball im Tor.

Auswertung

	Abschreiben	1. Diktat	2. Diktat	3. Diktat
Datum				
Fehler				
Note				

Diktate mit f, v

Der Traum *(76 Wörter)*

Paul war ein großer Fußballfan und träumte immer davon, Fußballprofi zu werden.

Jeden Tag spielte er eifrig mit seinen Freunden auf dem Bolzplatz und übte fleißig Schüsse, Pässe und Dribblings.

Er bewunderte die Stars der Bundesliga, vor allem seinen Lieblingsspieler Marco Reus. Er sammelte vor allem Autogramme, Poster und Trikots von ihm.

Er verpasste kein Spiel seines Lieblingsvereins Borussia Dortmund. Er hoffte, eines Tages für diesen Verein zu spielen und viele Tore zu versenken.

Auswertung

	Abschreiben	1. Diktat	2. Diktat	3. Diktat
Datum				
Fehler				
Note				

Der Pokal *(102 Wörter)*

Lena war Kapitänin der Mädchenfußballmannschaft ihrer Schule. Sie war eine talentierte und motivierte Spielerin, die ihre Mannschaft immer anfeuerte und unterstützte.

Sie hatte ein großes Ziel: den Pokal zu gewinnen, den der Bürgermeister jedes Jahr an den Sieger des Stadtturniers vergab. Sie trainierte hart und bereitete sich gut vor.

Sie führte ihr Team durch die Vorrunde, ins Viertelfinale und ins Halbfinale. Im Finale trafen sie auf die stärkste Mannschaft der Schule. Es war ein faires Spiel, das mit einem Elfmeterschießen endete.

Lena war die letzte Schützin. Sie nahm Anlauf und feuerte den Ball ins Tor. Sie hatten den Pokal gewonnen.

Auswertung

	Abschreiben	1. Diktat	2. Diktat	3. Diktat
Datum				
Fehler				
Note				

Der junge Schiedsrichter *(80 Wörter)*

Martin war ein sehr junger, aber bereits erfahrener Schiedsrichter, der schon viele Fußballspiele gepfiffen hatte. Er kannte alle Regeln und pfiff immer fair.

Er musste aber auch viel Kritik und Beschimpfungen von Spielern, Trainern und Fans einstecken.

Martin ließ sich davon nicht beeinflussen und blieb ruhig und gelassen. Er wusste, dass er eine wichtige und schwierige Aufgabe hatte.

Er hatte Respekt vor dem Fußball und wollte ihn schützen.

Er war stolz auf seine Aufgabe und seine Leistung.

Auswertung

	Abschreiben	1. Diktat	2. Diktat	3. Diktat
Datum				
Fehler				
Note				

Freunde *(119 Wörter)*

Tim und Mo waren beste Freunde und machten alles zusammen. Sie gingen in die vierte Klasse, hatten die gleichen Hobbys und liebten Fußball.

Sie spielten oft zusammen auf dem Schulhof oder im Garten.

Aber sie hatten ein Problem: Sie waren Fans von verschiedenen Vereinen. Tim war für Bayern München und Mo für Schalke 04.

Sie stritten sich oft über die Ergebnisse, die Spieler und die Trainer. Sie neckten und ärgerten sich gegenseitig. Aber sie blieben immer Freunde. Eines Tages sagte Tim: „Du bist vielleicht ein Idiot, aber du bist mein Idiot. Wir sind Freunde, egal welchem Verein wir mögen. Fußball ist nur ein Spiel, Freundschaft ist mehr."

Sie lachten und schüttelten sich die Hände. Sie waren echte Fußballfreunde.

Auswertung

	Abschreiben	1. Diktat	2. Diktat	3. Diktat
Datum				
Fehler				
Note				

Diktate mit g, k

Große Träume *(54 Wörter)*

Ein junger Kicker namens Mark träumte davon, ein großer Star auf dem Fußballfeld zu werden.

Jeden Tag trainierte er hart im Garten, schoss Bälle in Richtung Tor, dribbelte um kleine Kegel herum und übte Kopfbälle.

Sein Ehrgeiz war wie ein starker Motor, der ihn immer weitertrieb, bis er schließlich seinen ersten großen Turniersieg errang.

Auswertung

	Abschreiben	1. Diktat	2. Diktat	3. Diktat
Datum				
Fehler				
Note				

Der knappe Sieg *(81 Wörter)*

Es war kalt, aber die Sonne schien über dem Kölner Stadion, als sich die beiden Rivalen auf dem Rasen gegenüberstanden.

Der Stürmer des 1. FC Köln, ein kraftvoller Kämpfer, sprintete mit dem Ball in Richtung Tor. Der Torwart von Fortuna Düsseldorf warf sich mutig zu Boden und parierte den kraftvollen Schuss mit einem spektakulären Sprung.

Der Schiedsrichter pfiff das Spiel ab und die Zuschauer jubelten der Fortuna zu, die dank des herausragenden Torhüters einen knappen Sieg errungen hatten.

Auswertung

	Abschreiben	1. Diktat	2. Diktat	3. Diktat
Datum				
Fehler				
Note				

Ein kleines Freundschaftsspiel *(59 Wörter)*

Eine paar Freunde organisierten ein spontanes Spiel auf einem staubigen Platz am Rande der kleinen Stadt.

Der Ball rollte flink zwischen den Spielern hin und her.

Einige Zuschauer, darunter ein kleiner Junge mit einem großen Fußball auf seinem T-Shirt, beobachteten gespannt das Spiel.

Das Spiel endete mit einem Gleichstand. Die Freude am gemeinsamen Spiel war unbezahlbar.

Auswertung

	Abschreiben	1. Diktat	2. Diktat	3. Diktat
Datum				
Fehler				
Note				

Die Lücke *(71 Wörter)*

„Pass den Ball, Nick!", rief der Kapitän dem jungen Spieler zu.

Nick, der den Ball geschickt durch die Verteidigung lenkte, antwortete: „Ich sehe vorne links eine große Lücke in der Verteidigung."

Er passte den Ball präzise zu seinem Mitspieler, der einen beeindruckenden Schuss aufs Tor abgab.

Der Torwart hatte keine Chance, und die Mannschaft feierte den glorreichen Spielzug.

„Gut gemacht, Nick! Das war eine grandiose Vorlage", lobte der Kapitän.

Auswertung

	Abschreiben	1. Diktat	2. Diktat	3. Diktat
Datum				
Fehler				
Note				

Diktate mit i, ie, ieh

Das finale Tor *(54 Wörter)*

Im Finale der Fußballweltmeisterschaft, dem wichtigsten Fußballturnier der Welt, standen sich Italien und Brasilien gegenüber.

Die Stimmung war angespannt, als der Schiedsrichter das Spiel anpfiff. Die Spannung stieg schnell an.

In der 80. Minute erzielte Neymar ein geniales Tor.

Der Sieg war zum Greifen nah. Das Publikum jubelte und die Spieler waren überglücklich.

Ein Moment, der in die Geschichte eingehen würde.

Auswertung

	Abschreiben	1. Diktat	2. Diktat	3. Diktat
Datum				
Fehler				
Note				

Das Teamtraining *(72 Wörter)*

Die Fußballteams des FC Kleindorf versammelten sich auf dem Trainingsplatz. Der Trainer betonte die Wichtigkeit von Teamgeist und Disziplin.

Sie begannen mit Aufwärmübungen, gefolgt von Taktiktraining. Die Spieler verbesserten ihre Technik und feilten an ihrer Strategie.

Als die Sonne unterging, war das Training zu Ende. Erschöpft, aber zufrieden verließen die Spieler den Platz.

Das intensive Training stärkte den Zusammenhalt und bereitete die Mannschaft für das bevorstehende Finale der Regionalmeisterschaft vor.

Auswertung

	Abschreiben	1. Diktat	2. Diktat	3. Diktat
Datum				
Fehler				
Note				

Das Derby *(70 Wörter)*

Das Stadion bebte vor Spannung, als sich die beiden Rivalen Dortmund und Schalke zum Derby trafen.

Die vielen Fans sangen ihre Hymnen, und die Spieler spürten die Intensität des Duells.

Ein gewagter Angriff der Dortmunder führte zu einem Tor, das die Menge in lauten Jubel ausbrechen ließ.

Doch Schalke konterte geschickt. Das Spiel endete unentschieden, aber die vielen Emotionen auf dem Spielfeld und auf den Rängen waren unvergesslich.

Auswertung

	Abschreiben	1. Diktat	2. Diktat	3. Diktat
Datum				
Fehler				
Note				

Das entscheidende Tor *(69 Wörter)*

Die Spannung im Stadion war riesig. Die Teams aus Nürnberg und Mainz kämpften um den Sieg. Der Ball flog zwischen den Toren hin und her.

Plötzlich gelang es einem Mainzer Spieler, den Ball geschickt ins Tor zu schießen.

Die Zuschauer jubelten und die Spieler feierten das entscheidende Tor. Der Schiedsrichter pfiff das Spiel ab.

Die Mannschaft mit dem Torschützen gewann, und der Jubel kannte keine Grenzen.

Auswertung

	Abschreiben	1. Diktat	2. Diktat	3. Diktat
Datum				
Fehler				
Note				

Das unerwartete Comeback *(77 Wörter)*

In einem spannenden Spiel zwischen Eintracht Frankfurt und den Darmstädter Lilien lag Darmstadt mit einem Tor zurück. Doch plötzlich drehte sich das Spiel.

Ein Mittelfeldspieler schnappte sich den Ball, umspielte die gegnerischen Verteidiger und schoss ein fantastisches Tor.

Die Fans der Lilien waren aus dem Häuschen. Das Spiel endete zwar unentschieden, aber die Aufholjagd machte die Mannschaft stolz.

Der Trainer lobte die Mannschaft für ihren Kampfgeist.

Der unerwartete Ausgleich war der Höhepunkt des Spiels.

Auswertung

	Abschreiben	1. Diktat	2. Diktat	3. Diktat
Datum				
Fehler				
Note				

Die Halbzeitansprache *(92 Wörter)*

Mias Mannschaft liegt zur Halbzeit mit vier Toren zurück. Die Trainerin versammelte ihre Mädchen in der Kabine.

„Wir müssen viel mehr Druck machen", sagt sie ziemlich deutlich, „habt Ideen und spielt als Einheit."

Viele Spieler hören aufmerksam zu.

„Wir gewinnen dieses Spiel nicht nur für uns, sondern auch für die Fans. Zeigt, was ihr könnt!"

Die Mädchen nickten entschlossen. „Lasst uns das Spiel noch drehen!", rief die Trainerin, und sie gingen mit festem Siegeswillen zurück auf den Platz.

Es hat nicht viel gebracht. Heute gingen sie als Verlierer nach Hause.

Auswertung

	Abschreiben	1. Diktat	2. Diktat	3. Diktat
Datum				
Fehler				
Note				

Diktate mit ll

Hallenfußball *(81 Wörter)*

Heute ist das Finale der Hallenfußballmeisterschaft. Alle Fans haben sich versammelt, um das Fußballspiel selbst zu erleben.

Die Mannschaften betreten das Spielfeld, und der Schiedsrichter pfeift das Spiel an. Der Ball rollt und das Spiel beginnt.

Die Mannschaften kämpfen mit vollem Einsatz. Einige Spieler zeigen ihr Können mit präzisen Pässen und geschickten Dribblings.

Plötzlich fällt ein Tor und Jubel erfüllt die Halle. Die Fans sind begeistert und die Spieler strahlten um die Wette.

Dieses spektakuläre Tor verändert das Spiel.

Auswertung

	Abschreiben	1. Diktat	2. Diktat	3. Diktat
Datum				
Fehler				
Note				

Der Distanzschuss *(75 Wörter)*

Der Stürmer schoss den Ball mit voller Wucht ins Tor, ein spektakulärer Treffer. Der Torjubel der Fans war nicht zu überhören.

Die Mannschaft feierte die Führung. Das Spiel war voller spannender Momente. Einige Spieler glänzten mit beeindruckender Ballkontrolle, andere mit kraftvollen Schüssen.

Der Torwart parierte einige Bälle, aber ein unerwarteter Distanzschuss führte zu einem weiteren Treffer.

Das Stadion brach in Jubel aus, und die Spieler genossen den verdienten Sieg.

Auswertung

	Abschreiben	1. Diktat	2. Diktat	3. Diktat
Datum				
Fehler				
Note				

Das Duell *(64 Wörter)*

Der Ball wechselte zwischen den Mannschaften, bis ein Spieler ein Tor erzielte. Alle Fans feierten diese tolle Leistung.

Einige Spieler dribbelten sich geschickt durch die Abwehr, andere glänzten mit präzisen Pässen. Der Schiedsrichter pfiff mehrmals, um Regelverstöße zu ahnden.

Trotz einiger harter Zweikämpfe blieb die Stimmung fair.

Auch nach der Verlängerung stand es noch 1:1, wodurch ein Elfmeterschießen die Entscheidung bringen musste.

Auswertung

	Abschreiben	1. Diktat	2. Diktat	3. Diktat
Datum				
Fehler				
Note				

Alle zusammen *(81 Wörter)*

„Der Ball ist im Netz!", rief der Kapitän voller Begeisterung, „ein fantastisches Tor!" Die Fans jubelten und die Spieler klatschten sich ab.

„Das war toll, Jungs!", sprach der Trainer stolz, „ihr habt alle hart gearbeitet, und das hat sich ausgezahlt."

Der Stürmer lächelte und antwortete: „Das war Teamarbeit, Trainer."

Der Schiedsrichter pfiff das Spiel ab und die Spieler feierten ihren verdienten Sieg. „Das war eine tolle Leistung, Jungs", rief der Trainer, „lasst uns diesen Moment in vollen Zügen genießen."

Auswertung

	Abschreiben	1. Diktat	2. Diktat	3. Diktat
Datum				
Fehler				
Note				

Diktate mit mm

Das entscheidende Tor *(83 Wörter)*

Die Abenddämmerung hatte den Himmel in ein flammendes Meer verwandelt. Es war die Stunde der Entscheidung, als Felix in der Nachspielzeit das entscheidende Tor schoss.

Als der Ball die Torlinie überquerte, brach das Stadion in Jubel aus. Spieler und Fans lagen sich jubelnd in den Armen.

Die Mannschaft feierte den verdienten Sieg mit einem überglücklichen Trainer. Gemeinsam versammelten sie sich auf dem Spielfeld und genossen den Moment, der in die Geschichte des Vereins eingehen sollte. Felix war der Held des Tages.

Auswertung

	Abschreiben	1. Diktat	2. Diktat	3. Diktat
Datum				
Fehler				
Note				

Das unvergessliche Fußballturnier *(63 Wörter)*

Das Nachwuchsteam kämpfte beim wichtigsten Turnier des Sommers.

Mit großem Einsatz sammelten die Spieler in den Vorrunden Punkte und erreichten das Finale.

Der Trainer und Tommy, der Kapitän, trieben die Mannschaft gemeinsam an. Die Trommeln der Fans schallten ungehemmt bis auf den Platz.

In der letzten Minute schoss der Stürmer das entscheidende Tor.

Das Turnier endete mit einem stimmungsvollen Fest.

Auswertung

	Abschreiben	1. Diktat	2. Diktat	3. Diktat
Datum				
Fehler				
Note				

Die magische Fußballnacht *(59 Wörter)*

Kurz nach der Abenddämmerung fand auf dem Bolzplatz ein Freundschaftsspiel statt.

Emma hatte extra einen Ball mitgenommen, der nachts rot leuchtete und so immer zu sehen war.

Das Spielen unter dem Sternenhimmel war für alle neu, und die Stimmung war gut.

Durch das Gewimmel gab es zwar den einen oder anderen Zusammenstoß, aber es passierte nichts Schlimmes.

Auswertung

	Abschreiben	1. Diktat	2. Diktat	3. Diktat
Datum				
Fehler				
Note				

Die inspirierende Halbzeitansprache *(85 Wörter)*

In der Halbzeitpause sprach der sonst so grimmige Trainer motivierende Worte.

„Ihr seid ein Team, das zusammen alles erreichen kann", sagte er. Die Spieler lauschten wie immer mucksmäuschenstill.

„Lasst uns gemeinsam kämpfen und unseren Gegnern zeigen, wo der Hammer hängt", motivierte der Kapitän.

Auf dem Platz setzten sie die Worte in die Tat um. Nach einer spektakulären zweiten Halbzeit gewannen sie das Spiel.

Der Jubel auf dem Platz war unbeschreiblich, und der Trainer lächelte stolz: „Ihr habt es geschafft, das war himmlisch!"

Auswertung

	Abschreiben	1. Diktat	2. Diktat	3. Diktat
Datum				
Fehler				
Note				

Diktate mit nn

Der entscheidende Schuss *(68 Wörter)*

Im Stadion fieberten die Fans einem spannenden Fußballspiel entgegen.

Anja kannte die Taktik des Gegners genau, da sie bis zur letzten Saison selbst dort gespielt hatte.

Plötzlich bekam Anna den Ball, rannte los, dribbelte geschickt durch die Abwehr und schoss ein beeindruckendes Tor.

Die Menge jubelte und die Spieler umarmten sich in inniger Freude. Es war ein unvergesslicher Moment und der Beginn einer erfolgreichen Saison.

Auswertung

	Abschreiben	1. Diktat	2. Diktat	3. Diktat
Datum				
Fehler				
Note				

Das enge Rennen *(79 Wörter)*

Die Mannschaft der Eintracht war in Bestform und zeigte eine bisher nicht gekannte Einsatzbereitschaft. Sie wollten das Spiel unbedingt gewinnen.

Aber konnten sie das auch?

In einem nervenaufreibenden Spiel lieferten sie sich einen intensiven Kampf gegen einen starken Gegner.

Mario Götze, der weltbekannte Torjäger, schoss in der Nachspielzeit das entscheidende Tor gegen den FC Bayern München.

Die Anspannung löste sich in einem Freudentaumel auf. Die Spieler feierten gemeinsam den hart erkämpften Sieg.

Auswertung

	Abschreiben	1. Diktat	2. Diktat	3. Diktat
Datum				
Fehler				
Note				

Der junge Nachwuchsspieler *(59 Wörter)*

Sonja trat in den Fußballverein ihrer Stadt ein. Der Trainer erkannte sofort ihr großes Potenzial.

Bei einem ersten Trainingsspiel konnte Sonja ihr Können unter Beweis stellen. Die Mannschaftskapitänin Anna nahm sie unter ihre Fittiche.

Gemeinsam entwickelten sie eine besondere Verbindung. Sonja lernte viel von Anna.

Es war der Beginn einer vielversprechenden Fußballkarriere und einer innigen Freundschaft.

Auswertung

	Abschreiben	1. Diktat	2. Diktat	3. Diktat
Datum				
Fehler				
Note				

Die Halbzeitansprache *(78 Wörter)*

In der Halbzeitpause versammelte der Trainer die Mannschaft in der Kabine. „Männer, wir können das Spiel noch drehen", sagte er energisch, „Wir müssen mehr Druck machen und unsere Chancen nutzen."

Dennis, Kapitän und erfahrener Kenner des Spiels, motivierte seine Mitspieler: „Lasst uns zeigen, was in uns steckt! Gemeinsam gewinnen wir dieses Spiel."

Mit neuer Entschlossenheit verließ die Mannschaft die Kabine. Dennis' Worte hallten in ihren Köpfen nach und trieben sie zu einem wahnsinnigen Comeback an.

Auswertung

	Abschreiben	1. Diktat	2. Diktat	3. Diktat
Datum				
Fehler				
Note				

Diktate mit ng, nk

Frankreich gegen England *(72 Wörter)*

Vor dem Fußballspiel zwischen Frankreich und England drängten sich die Fans auf den Rängen. Als das Spiel endlich losging, sprangen die Fans von ihren Bänken auf und fingen an zu singen.

Die Mannschaften kämpften um den Ball, während Kylian Mbappé mit einem gelenkigen Schuss erst den Torpfosten, dann die Torlatte und schließlich, sichtlich angestrengt, das dringend notwendige Tor traf.

Frankreich war wieder Fußballweltmeister, mit einer jungen und hungrigen Mannschaft.

Auswertung

	Abschreiben	1. Diktat	2. Diktat	3. Diktat
Datum				
Fehler				
Note				

Der befangene Schiedsrichter (99 Wörter)

Im Stadion schwenkten die Fans wütend ihre Fahnen, und die Menge empörte sich über die ungerechte Entscheidung des jungen Linienrichters.

Die Spannung stieg wieder an, als der Stürmer die Abwehr ablenkte, indem er über einen grätschenden Gegenspieler sprang. Torhungrig ließ er die Abwehr links liegen, doch der Schiedsrichter pfiff und lenkte die Aufmerksamkeit auf ein vermeintliches Foul.

Sowohl die Spieler der gegnerischen als auch der eigenen Mannschaft winkten ab, doch die Entscheidung war unanfechtbar. Statt eines sicheren Tores gab es einen Freistoß mit ungewissem Ausgang.

Nach Meinung der Fans waren der Schiedsrichter und sein Linienrichter befangen.

Auswertung

	Abschreiben	1. Diktat	2. Diktat	3. Diktat
Datum				
Fehler				
Note				

Der Enkel einer Legende *(99 Wörter)*

Der junge Frank träumte davon in die Fußstapfen der größten Legenden des deutschen Fußballs zu treten. Dass ihm dies gelingen würde, daran zweifelte er nicht, schließlich war er der Enkel von Lothar Matthäus, dem Rekordnationalspieler mit 150 Länderspielen, einer wahren Legende des deutschen Fußballs.

Das Training war anstrengend, aber der Gedanke an den Erfolg trieb ihn an.

Eines Tages bekam er die Gelegenheit in einem wichtigen Spiel mitzuspielen. Mit einem Funkeln in den Augen betrat er das Spielfeld, und schon nach wenigen Minuten schoss er sein erstes Tor. Dieses Tor widmete er seinem Großvater Lothar.

Auswertung

	Abschreiben	1. Diktat	2. Diktat	3. Diktat
Datum				
Fehler				
Note				

Die Ansprache *(86 Wörter)*

„Wir müssen uns mehr anstrengen", sagte der Kapitän mit strengem Blick auf die versammelte Mannschaft, „der Ausgang des Spiels hängt von jedem Einzelnen ab. Wir dürfen uns nicht ablenken lassen." Die Spieler nickten zustimmend.

„Vergesst nicht, dass uns das in der Vergangenheit auch schon mal gelungen ist", ergänzte der Trainer. Er rief den Ersatzspielern zu: „Ihr werdet heute nicht nur auf der Bank sitzen. Ihr habt lange genug zugeschaut und Erfrischungsgetränke getrunken."

Mit einem motivierten „Auf geht's!" schwangen sich die Spieler auf den Fußballplatz.

Auswertung

	Abschreiben	1. Diktat	2. Diktat	3. Diktat
Datum				
Fehler				
Note				

Diktate mit oo, oh

Mit dem Boot zum Fußballspiel *(83 Wörter)*

Heute treffen Fortuna Düsseldorf und der 1. FC Köln im Spitzenspiel der zweiten Bundesliga aufeinander.

Da die Autobahn wegen eines verstopften Abflussrohrs überflutet war, kamen die Kölner die letzten Kilometer mit einem Boot, das so stark schaukelte, dass einigen Spielern bei der Ankunft unwohl wurde.

Als die Spieler endlich den Rasen betraten, war das Publikum froh. Doch die Reise hatte sich nicht gelohnt, denn Köln hatte das Spiel zweifellos verloren. Wie ohnmächtig mussten sie sich ein 6:0 abholen.

Auswertung

	Abschreiben	1. Diktat	2. Diktat	3. Diktat
Datum				
Fehler				
Note				

Das kohlrabenschwarze Trikot *(99 Wörter)*

Stolz trug John heute zum ersten Mal sein kohlrabenschwarzes Trikot mit dem Logo seines neuen Sponsors, dem Zoo seiner Heimatstadt.

John dribbelte sich wie gewohnt durch die gegnerische Abwehr und koordinierte das erste Tor.

Der Hohn der gegnerischen Abwehr führte zu ohrenbetäubendem Jubel, als John kurz vor dem Tor über seine eigenen Füße stolperte und wie ein Strohsack umfiel.

Doch er ließ sich nicht beirren, stand auf und schoss ohne Widerstand ins Tor. Der Schiedsrichter hatte das Spiel nicht unterbrochen, und so ging das Spiel einfach weiter, obwohl alle johlten und lachten.

Auswertung

	Abschreiben	1. Diktat	2. Diktat	3. Diktat
Datum				
Fehler				
Note				

Die Spielstrategie *(52 Wörter)*

Die Fußballmannschaft trainierte hart, um ihre Koordination zu verbessern.

Die Spieler waren hoch motiviert, ihre Leistung zu verbessern. Das Koordinationsteam entwickelte eine ausgeklügelte Strategie mit schnellen Dribblings, präzisen Pässen und Toren aus ungewohnten Winkeln.

Dass sich die Mühe gelohnt hatte, zeigten die nächsten Spiele, die die Mannschaft ohne Gegentor gewann.

Auswertung

	Abschreiben	1. Diktat	2. Diktat	3. Diktat
Datum				
Fehler				
Note				

Es geht auch ohne Leon *(94 Wörter)*

Im entscheidenden Fußballspiel standen sich der FC Bayern und der VfL Bochum gegenüber. Die Bayern mussten diesmal leider auf ihren Libero verzichten, der sich stattdessen entschied, mit seinem Sohn einen Ausflug mit dem neuen Motorboot zu machen.

Als Bayern in Rückstand geriet, sagte Manuel: „Ich weiß, es ist ungewohnt ohne Leon, aber wir müssen jetzt alles geben!"

In der letzten Minute rief der Trainer: „Ihr könnt es noch schaffen, bleibt fokussiert!"

Harry durchbrach die Bochumer Abwehr mit einem hohen Schuss und erzielte ein Tor, das die drohende Niederlage abwendete.

Auswertung

	Abschreiben	1. Diktat	2. Diktat	3. Diktat
Datum				
Fehler				
Note				

Diktate mit s, ss, sss, sz, ß

Der letzte Schuss *(107 Wörter)*

Kaum hatte das Spiel begonnen, gingen die Argentinier aggressiv zu Werke und ließen sich bei jeder noch so kleinen Berührung bewusst fallen, um dem Schiedsrichter und seinen Assistenten Freistöße und Elfmeter zu entlocken.

Kaum hatte das Spiel begonnen, foulten die Argentinier aggressiver denn je und ließen sich bei der kleinsten Berührung bewusst fallen, um dem Schiedsrichter und seinen Assistenten Freistöße und Elfmeter zu entlocken.

In der 23. Minute war es dann so weit und Messi schießt den ersten Elfmeter lässig ins Tor. Mbappé lässt sich davon nicht beeinflussen und trifft in diesem Spiel insgesamt dreimal selbst ins Tor.

Am Ende gewinnt Argentinien im Elfmeterschießen.

Auswertung

	Abschreiben	1. Diktat	2. Diktat	3. Diktat
Datum				
Fehler				
Note				

Schnell zum Imbiss *(75 Wörter)*

Es ist das erste Spiel der Saison, und es steht 1:1. Nach einem krassen Dribbling von Jessika durch die Abwehr spielt sie entschlossen auf Vanessa.

Vanessa setzt zum Fallrückzieher an, doch der Ball fliegt über das Tor bis zum Imbiss auf der anderen Straßenseite. Ein Missgeschick, das die Zuschauer zum Lachen bringt.

Doch die Spielerinnen bleiben fokussiert. Ein Moment im Spiel kann alles verändern, sei es ein Fehlpass oder ein genialer Torschuss.

Auswertung

	Abschreiben	1. Diktat	2. Diktat	3. Diktat
Datum				
Fehler				
Note				

Tischfußball *(68 Wörter)*

Yassir und Jessi nehmen am hessischen Tischfußballlandesturnier teil.

Im ersten Spiel glänzt Jessi mit einem tollen Schuss, während Yassir das Tor souverän verteidigt.

Im Halbfinale kämpfen sie hart und ein erstklassig platzierter Schuss von Yassir sichert den Einzug ins Finale.

Doch der Gegner ist zu stark und sie werden nur Zweite.

Als Trostpreis erhält das Duo einen Gutschein für ein Jahr gratis Pommes im Imbiss „Zum Fresssack".

Auswertung

	Abschreiben	1. Diktat	2. Diktat	3. Diktat
Datum				
Fehler				
Note				

Der Schlüsselmoment *(73 Wörter)*

Im entscheidenden Moment ruft der Trainer: „Lasst den Ball fließen, spielt passgenau!" Die Spieler setzen die Anweisung um.

Knossi, der Kapitän, ruft laut über den Platz: „Wir müssen fokussiert bleiben und konzentriert verteidigen!"

Plötzlich ein schneller Vorstoß, der Stürmer steht allein vor dem Tor.

„Los, schieß das Ding rein!", brüllt der Trainer. Der Ball zischt ins Netz. Die Spieler jubeln.

Der Schiedsrichter pfeift ab. Ein verdienter Sieg durch einen entscheidenden Torschuss.

Auswertung

	Abschreiben	1. Diktat	2. Diktat	3. Diktat
Datum				
Fehler				
Note				

Diktate mit d, t, tt, dt

Das Stadtderby *(72 Wörter)*

Heute findet in unserer Hauptstadt ein besonderes Stadtderby statt. Hertha BSC lädt Union Berlin zu einem Freundschaftsspiel ein. Das Stadion ist komplett ausverkauft.

Die Spieler kennen sich gut, zwei sind sogar miteinander verwandt. Es wird bestimmt ein spannendes Spiel.

Unter den Zuschauern ist auch Tim Schmidt, der mit seinem Großvater eine Radtour zum Fußballspiel gemacht hat.

Ob das Fahrrad nach dem Spiel noch dort ist, wo sie es abgestellt haben?

Auswertung

	Abschreiben	1. Diktat	2. Diktat	3. Diktat
Datum				
Fehler				
Note				

Der Brand *(88 Wörter)*

In einem kleinen Ort am Rande einer mittelgroßen Stadt stand ein Fußballverein nach dem Brand seines Vereinsheims vor dem Bankrott.

Die notwendigen Mittel für den Neubau, den zerstörten Rasen und das Trainingsmaterial addierten sich schnell zu Beträgen, die der Verein aus eigener Kraft nicht aufbringen konnte.

Leidtragende waren vor allem die Kinder.

Nach einer eindringlichen Ansprache des Vorstandes packten alle unmittelbar mit an. Bereits 3 Monate nach dem Brand konnte der Trainingsbetrieb wieder aufgenommen werden.

Pünktlich zur Weihnachtsfeier Mitte Dezember stand auch das neue Vereinsheim.

Auswertung

	Abschreiben	1. Diktat	2. Diktat	3. Diktat
Datum				
Fehler				
Note				

Der neue Kapitän *(88 Wörter)*

Heute spielt Borussia Dortmund gegen den SV Darmstadt 98 und die Fußballfans sind schon ganz außer Rand und Band.

Der Block mit den Ultras im Stadion bebt vor Spannung und Vorfreude, denn heute feiert Tobias seinen ersten Auftritt als neuer Kapitän.

Kurz nach dem Anpfiff rettet Tobias den Ball gekonnt vor der Abwehr und zieht im Rückwärtslaufen zum satten Schuss an. Der Ball zappelt im Netz und die Fans brechen sofort in Jubel aus.

Das Spiel endet mit einem Sieg, und ganz Darmstadt feiert.

Auswertung

	Abschreiben	1. Diktat	2. Diktat	3. Diktat
Datum				
Fehler				
Note				

Die geheime Taktik *(86 Wörter)*

Vor dem entscheidenden Spiel zeigte der Trainer auf einer Wandtafel einige notwendige taktische Anpassungen.

„Jemand hat mir die geheime Verteidigungstaktik unseres Gegners zugesandt", betonte er. „Lasst uns den Antritt verbessern und die Abschlüsse präziser gestalten!"

Die Spieler nickten entschlossen. Auf dem Spielfeld setzte der Kapitän die Worte des Trainers in die Tat um.

„Konzentriert euch aufs Zusammenspiel", rief er. Mit einer geschickten Attacke dribbelte er durch die Abwehr und erzielte das entscheidende Tor.

„Das war unser Spielplan in Aktion", sagte der Trainer stolz.

Auswertung

	Abschreiben	1. Diktat	2. Diktat	3. Diktat
Datum				
Fehler				
Note				

Diktate mit z, tz, tzt

Das letzte Spiel *(83 Wörter)*

Der Rasen des Fußballplatzes war am Ende der Saison zwar etwas abgenutzt, doch für das letzte und entscheidende Spiel würde er noch ausreichen.

Der Trainer setzte alles auf die Schnelligkeit von Oskar, den alle nur den Flitzer nannten. Doch die blitzschnellen Aktionen eines gegnerischen Stürmers setzten die Mannschaft plötzlich unter Druck.

In der letzten Spielminute donnerte Oskar den Ball so hart in das Netz des gegnerischen Tores, dass es in Fetzen flog.

Der Jubel auf dem Dorfplatz kannte keine Grenzen.

Auswertung

	Abschreiben	1. Diktat	2. Diktat	3. Diktat
Datum				
Fehler				
Note				

Das witzige Fußballturnier *(84 Wörter)*

Heute versammeln sich die Kinder auf dem Fußballplatz zu einem witzigen Turnier. Jeder darf sein Kostüm vom letzten Fasching mitbringen und während des Spiels anziehen.

Ein Zauberer führt den Anstoß aus. Eine Prinzessin setzt sich gegen einen glatzköpfigen Clown durch, während der Torwart, ein Tierarzt mit einer riesigen Spritze, alles daran setzt, den Ball aus dem Netz zu halten.

Das Publikum applaudiert verzückt. Das Finale endet 4:3. Die Gewinner erhalten eine Schatztruhe mit Pizzagutscheinen und verlassen mit glänzenden Augen den Platz.

Auswertung

	Abschreiben	1. Diktat	2. Diktat	3. Diktat
Datum				
Fehler				
Note				

Das hitzige Derby *(76 Wörter)*

Das heiß ersehnte Derby zwischen den beiden rivalisierenden Mannschaften beginnt bald. Alle Zuschauer haben ihre Plätze eingenommen. Es ist ätzend heiß.

Die Spieler strotzen vor Einsatzfreude. Gespannt verfolgen die Zuschauer, wie die Mannschaften um jeden Zentimeter Platz kämpfen. Die Hitze ist fast unerträglich.

Ein plötzlicher Aussetzer eines Verteidigers ermöglicht dem Stürmer schließlich einen glänzenden Angriff.

Der Ball zischt ins Tor, und die jubelnden Fans versetzen das Stadion mit ihren Gesängen in ein hitziges Spektakel.

Auswertung

	Abschreiben	1. Diktat	2. Diktat	3. Diktat
Datum				
Fehler				
Note				

Die letzte Halbzeit *(71 Wörter)*

Der Trainer warf einen Blick auf die verschwitzte Mannschaft. „In der zweiten Halbzeit putzen wir den Gegner vom Platz!", rief er fordernd.

Die Spieler setzten sich auf ihre Plätze und ruhten sich ein wenig aus. „Du bist lustig", sagte Matze, „wir liegen 4:0 hinten."

„Das ist ein kurzfristiger Rückstand. Wenn wir uns keine Patzer erlauben und die Angriffe der Stürmer durchkreuzen, schaffen wir das", antwortete der Kapitän trotzig.

Auswertung

	Abschreiben	1. Diktat	2. Diktat	3. Diktat
Datum				
Fehler				
Note				

Diktate mit Doppelkonsonanten

Der Blitzschuss *(49 Wörter)*

Im strömenden Regen dribbelt Tim geschickt durch die Abwehr. Plötzlich taucht er vor dem Tor auf und donnert den Ball mit einem kraftvollen Schuss in die Ecke.

Die Zuschauer bejubeln das unerwartete Tor. Tim ist der Held des Tages, sein präziser Schuss ein Spektakel für alle Fans.

Auswertung

	Abschreiben	1. Diktat	2. Diktat	3. Diktat
Datum				
Fehler				
Note				

Der Kampf um die Krone *(57 Wörter)*

Im Finale standen zwei Mannschaften auf dem Platz, die beide den Titel gewinnen wollten.

Auf dem Spielfeld entbrannte ein atemberaubendes Duell. Schnelle Pässe, trickreiche Dribblings und harte Zweikämpfe prägten das Spiel.

Die Spannung war kaum zu ertragen. Doch am Ende jubelte die Mannschaft, die mit einer beeindruckenden Defensivleistung den Sieg errungen hatte.

Auswertung

	Abschreiben	1. Diktat	2. Diktat	3. Diktat
Datum				
Fehler				
Note				

Das Königstor *(54 Wörter)*

Leo, der eigentlich Außenverteidiger ist, träumte davon, einmal ein spektakuläres Tor zu schießen.

In der allerletzten Spielminute bekam er seine Chance. Mit einem geschickten Haken umkurvte er alle Verteidiger und schoss den Ball in den oberen Winkel des Tores.

Ein königlicher Treffer, der die Zuschauer in Jubelstürme versetzte und Leo seinen großen Traum erfüllte.

Auswertung

	Abschreiben	1. Diktat	2. Diktat	3. Diktat
Datum				
Fehler				
Note				

Der inspirierende Trainer *(76 Wörter)*

Trainer Müller motivierte seine Mannschaft vor dem entscheidenden Spiel.

„Gebt alles! Kämpft bis zum Schluss!", hallte es vor dem Anpfiff durch die Kabine. Seine Worte hatten eine magische Wirkung.

In der Halbzeitpause motivierte er die Spieler weiter: „Ihr seid Helden, ihr zeigt es heute allen, die nicht an euch geglaubt haben!"

Die Mannschaft hörte aufmerksam zu und stürmte voller Energie zurück ins Spiel.

Der Trainer hatte sie mit seiner inspirierenden Rede neu entfacht.

Auswertung

	Abschreiben	1. Diktat	2. Diktat	3. Diktat
Datum				
Fehler				
Note				

Notenschlüssel

Wörter → / Fehler ↓	50 - 59	60-69	70-79	80-89	90-99	100-109	110-119	120-129
0	1	1	1	1	1	1	1	1
1	2	2+	1-	1-	1-	1-	1-	1-
2	3	2-	2	2	2+	2+	2+	2+
3	4	3	3+	2-	2-	2	2	2
4	4-	4+	3-	3	3+	3+	2-	2-
5	5	4-	4	4	3-	3	3	3+
6	6	5	5	4-	4+	4+	3-	3
7	6	6	5-	5	4-	4	4+	3-
8	6	6	6	5-	5+	5+	4	4+
9	6	6	6	6	5-	5	4-	4
10	6	6	6	6	6	5-	5	4-
11	6	6	6	6	6	6	5-	5+
12	6	6	6	6	6	6	6	5-
13	6	6	6	6	6	6	6	6

Fortschrittsprotokoll

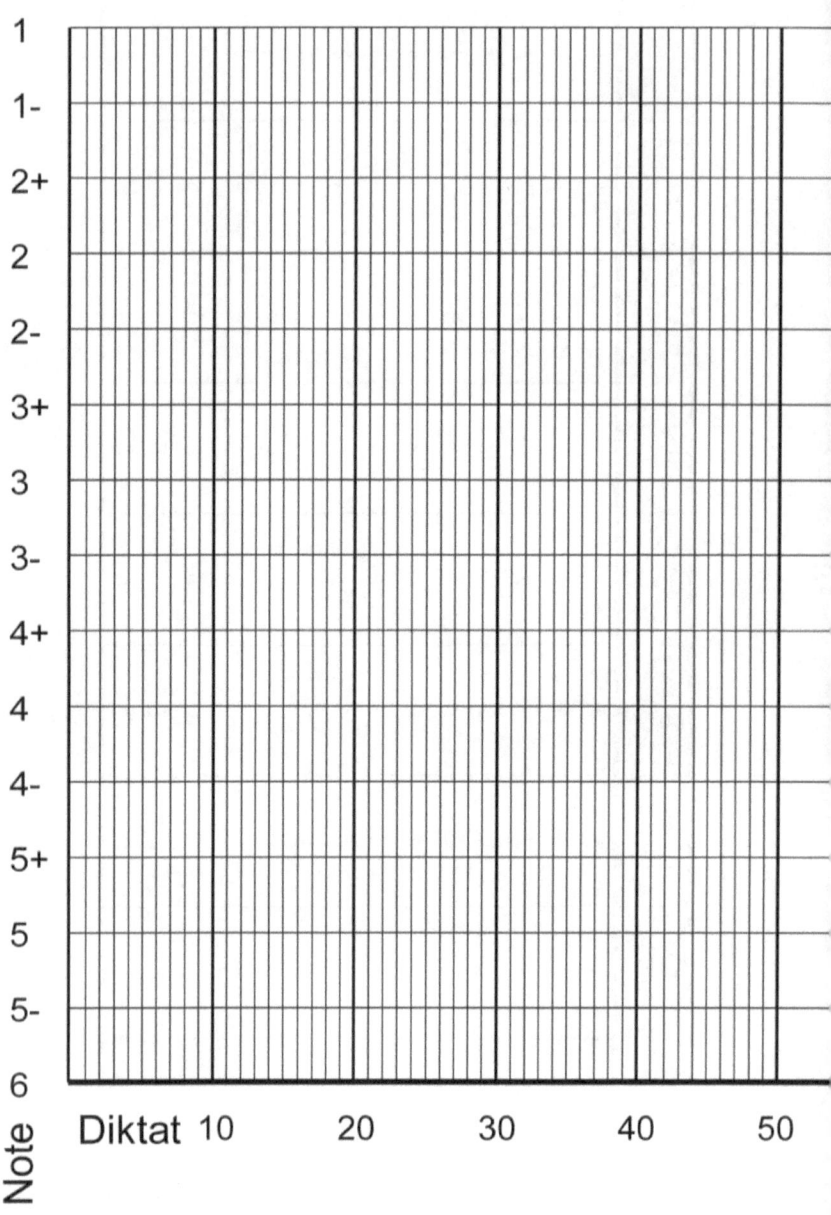

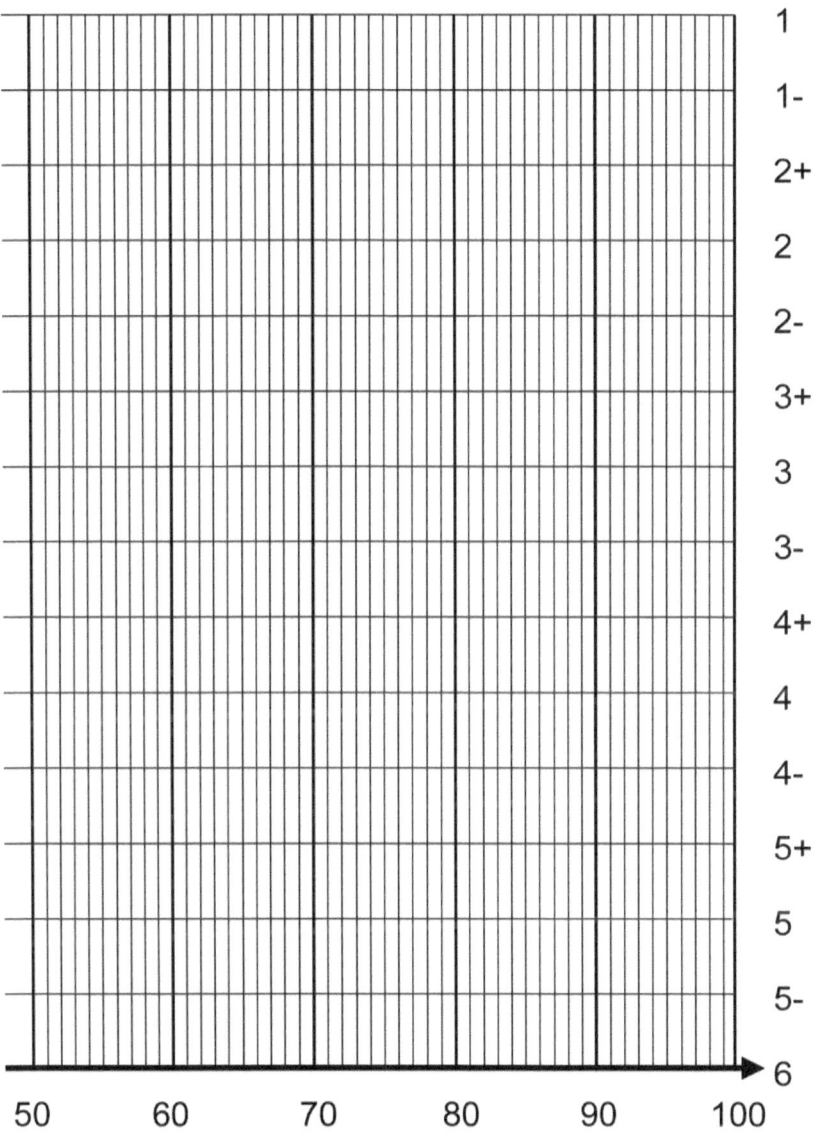

Urheberrechtlich geschütztes Material. Nachdruck, auch auszugsweise, nur mit schriftlicher Erlaubnis des Autors.

© 2025, Otto Abseits. Kontakt: Otto Rompf, Tacitus-Straße 6, 35510 Butzbach, Otto.Rompf@gmx.de

FSC
www.fsc.org
MIX
Papier | Fördert
gute Waldnutzung
FSC® C083411

Zeitfracht Medien GmbH
Ferdinand-Jühlke-Straße 7
99095 Erfurt, Deutschland
produktsicherheit@kolibri360.de